والمواقع التي تهدف إلى تعزيز القدرة على التفكير النقدي والتعرف على المغالطات المنطقية، مثل "كورسيرا" و "إدكس" و "فاندينغو" و "أوكايديمي" وغيرها. وهذه التطبيقات والمواقع توفر دورات ومحاضرات مجانية وغيرها من المواد التعليمية التي تساعد على تحسين المهارات العقلية والفكرية.

وبالإضافة إلى ذلك، يمكن استخدام الأدوات التحليلية التي تساعد في تعرف الأخطاء المنطقية والمغالطات المنطقية، مثل استخدام المنطق الرمزي وتحليل الأدلة بشكل نقدي. ويجب أيضًا تعزيز القدرة على التحليل النقدي للمعلومات والمصادر، وذلك بتدريب العقل على تحليل المصادر والتحقق من مصادر الأخبار والمعلومات قبل اتخاذ أي قرارات أو اتخاذ أي خطوات.

وفي الختام، يعد تحسين القدرة على التفكير النقدي والتعرف على المغالطات المنطقية أمرًا حيويًا في حياتنا اليومية. فهذه المهارات تساعدنا في التحليل والتفاعل مع العالم بشكل أكثر فعالية، كما تساعدنا في تفادي الخطأ واتخاذ القرارات بناءً على معلومات صحيحة ومنطقية. ويمكن تحسين هذه المهارات من خلال العمل على تحسين الثقافة العامة والتدريب على التفكير النقدي، إضافة إلى الاستفادة من التطبيقات التعليمية والأدوات التحليلية المتاحة.

التفكير النقدي الفرد على التمييز بين الحقائق والأخبار المزيفة، كما يتيح له تحليل الأفكار والأدلة بشكل منطقي وعقلاني. وفيما يلي سنتحدث عن ثلاث خطوات يمكن اتباعها لتحسين القدرة على التفكير النقدي والتعرف على المغالطات المنطقية.

الخطوة الأولى:

الاهتمام بتحسين الثقافة العامة والمعرفة المنطقية. ينبغي على الفرد أن يعرف المفاهيم الأساسية في المنطق والفلسفة وعلم النفس، وذلك بقراءة الكتب والمقالات العلمية والفلسفية. علاوة على ذلك، يجب تعزيز الاهتمام بالأخبار والتطورات في مجالات متعددة لتوسيع الثقافة العامة وتحسين القدرة على التحليل والتفكير بشكل منطقي.

الخطوة الثانية:

التدريب على التفكير النقدي من خلال تطبيق الأساليب الفلسفية والمنطقية في الحياة اليومية. يجب على الفرد التفكير بشكل نقدي في مواقفه اليومية وتحليل الأدلة المتاحة، سواء كانت من خلال متابعة الأخبار أو التعامل مع الآراء المختلفة في العمل أو المجتمع. ويمكن تطبيق هذه الأساليب في التفاعل مع وسائل التواصل الاجتماعي والإعلام عبر تحليل المحتوى والأفكار المطروحة.

الخطوة الثالثة:

الاستفادة من الأدوات التعليمية والتطبيقات التي تساعد في تعزيز التفكير النقدي والتعرف على المغالطات المنطقية. تتوفر العديد من التطبيقات

وهنا نشير إلى أهمية تحديد المغالطات المنطقية والأخبار المزيفة، حيث إنها يمكن أن تؤثر على الرأي العام وتؤدي إلى اتخاذ قرارات خاطئة. ولذلك، يجب على الأفراد أن يكونوا حذرين ويقوموا بالتحقق من مصادر الأخبار والمعلومات قبل تداولها، ويمكن اللجوء إلى وسائل التحقق والتحليل الفني للمعلومات المتداولة.

بالإضافة إلى ذلك، يمكن تحسين الوعي العام والثقافة الإعلامية لدى الأفراد، من خلال تعزيز التعليم والتدريب في هذا المجال، وذلك بتوفير الدروس والمواد التعليمية المناسبة، وتعزيز الثقافة الإعلامية والاعتماد على مصادر موثوقة في تداول الأخبار والمعلومات.

باختصار، تواجه المجتمعات اليوم تحديات كبيرة في التعرف على المغالطات المنطقية في الأخبار والمعلومات المتداولة، ويمكن تحسين الوعي العام والثقافة الإعلامية لدى الأفراد لتحديد الأخبار المزيفة والتضليل المتعمد. يجب على الأفراد أن يقوموا بالتحقق من مصادر الأخبار والمعلومات واللجوء إلى وسائل التحقق والتحليل الفني للمعلومات المتداولة، والاعتماد على مصادر موثوقة في تداول الأخبار والمعلومات.

كيفية تحسين القدرة على التفكير النقدي والتعرف على المغالطات المنطقية في حياتنا اليومية

تعتبر القدرة على التفكير النقدي والتعرف على المغالطات المنطقية من المهارات الحيوية التي يجب تعلمها وتطويرها في حياتنا اليومية. يساعد

تحديات تعرف المغالطات المنطقية في عالم يعتمد على الأخبار المزيفة والتضليل المتعمد

تعيش المجتمعات الحديثة في عصر يعتمد فيه الكثيرون على الأخبار والمعلومات التي يتم تداولها عبر وسائل الإعلام والشبكات الاجتماعية. ومع ذلك، فإن الكثير من هذه المعلومات يتم تضليلها وتحريفها بطرق مختلفة، مما يجعل من الصعب على الأفراد تمييز الحقيقة من الزيف. ولذلك، تواجه المجتمعات اليوم تحديات كبيرة في التعرف على المغالطات المنطقية في الأخبار والمعلومات المتداولة.

يمكننا القول إن المغالطات المنطقية تعد أداة شائعة يستخدمها الأشخاص لإيهام الآخرين بمعلومات زائفة. فمثلا، قد يستخدم البعض مغالطة النسبية المعكوسة، حيث يتم التلاعب بالأرقام والإحصائيات لتقديم معلومات خاطئة. كما يمكن أن يتم استخدام مغالطة الإغراء، حيث يتم استخدام معلومات جذابة ومثيرة للاهتمام لتحريض الآخرين على اتخاذ قرارات خاطئة.

يمكن أن نتحدث عن بعض الأمثلة على المغالطات المنطقية التي تستخدمها بعض وسائل الإعلام والشبكات الاجتماعية. فمثلا، يمكن أن يتم تضخيم الأحداث وتحريف الحقائق لإثارة الجدل وجذب الانتباه، حتى وإن كان ذلك على حساب دقة الأخبار والمعلومات المتداولة. كما يمكن أن تتضمن بعض الأخبار المزيفة العديد من المغالطات المنطقية، مثل استخدام الأساليب الإعلامية السلبية لتشويه سمعة أشخاص معينين.

لتحليل المعلومات وتقييم صحتها. ومن خلال الاستفادة من التحديثات الجديدة في التفكير النقدي والتقنيات الحديثة، يمكن للأفراد تحسين مهاراتهم في تحديد المغالطات المنطقية وتجنب الخطأ والتضليل في الاستنتاجات والحكم على التحديثات الجديدة في التفكير النقدي وتحديد المغالطات المنطقية في عصر الذكاء الاصطناعي تشمل أيضًا تطبيق مبادئ الإحصاء وعلم البيانات. حيث يتم استخدام تقنيات تحليل البيانات لتحليل الأنماط والاتجاهات في البيانات والتعرف على الاختلافات والتباينات فيها. ويساعد هذا النوع من التحليل على تحديد المغالطات المنطقية المختلفة، مثل استخدام الأرقام المضللة والإحصائيات الزائفة والمقارنات غير المناسبة.

علاوة على ذلك، يمكن استخدام التحليل النقدي وتحديد المغالطات المنطقية في مختلف المجالات، بما في ذلك التعليم والتدريب. فقد بدأت بعض المدارس والجامعات في تدريس مهارات التفكير النقدي وتحليل المغالطات المنطقية، وذلك لتمكين الطلاب من تحديد وتجنب الأخطاء الشائعة وتحسين قدرتهم على التفكير بشكل مستنير.

يمكن القول إن تحديد المغالطات المنطقية في عصر الذكاء الاصطناعي يتطلب القدرة على استخدام التكنولوجيا والتفكير النقدي ومهارات تحليل البيانات والإحصاء، ومن خلال تحديث المعرفة والمهارات المتعلقة بهذه الأدوات، يمكن للأفراد الحفاظ على مصداقية المعلومات وتجنب الخطأ والتلاعب اللفظي والتضليل في الاستنتاجات.

كما يجب عليهم أيضاً أن يكونوا حذرين ويفحصوا الحقائق والمعلومات قبل أن يتخذوا أي قرارات أو يستنتجوا أي حكم.

تحديثات جديدة في التفكير النقدي وتحديد المغالطات المنطقية في عصر الذكاء الاصطناعي

مع تطور التكنولوجيا والذكاء الاصطناعي، يواجه الأفراد التحدي الجديد في تحديد المغالطات المنطقية في المعلومات التي يتلقونها، وبالتالي تحديد مصداقية تلك المعلومات. وفي الوقت نفسه، يشهد العصر الحالي تحديثات جديدة في التفكير النقدي تساعد الأفراد على تحديد المغالطات المنطقية وفهم الأخطاء الشائعة في العقل البشري.

أحد هذه التحديثات هو تقنية التحليل النقدي الذي يسمح للأفراد بتحليل المعلومات بشكل منهجي ومتأني وتقييمها بدقة. ويتطلب هذا النوع من التحليل الاستناد إلى المعايير المنطقية والمنهجية التي تساعد الأفراد على التمييز بين الحقائق والأخبار الزائفة والتلاعب اللفظي والمغالطات المنطقية.

بالإضافة إلى ذلك، يمكن للأفراد تحديد المغالطات المنطقية باستخدام الذكاء الاصطناعي وتقنيات التعلم الآلي، والتي تتيح لهم تحليل المعلومات بسرعة أكبر ودقة أعلى. وتشمل هذه التقنيات استخدام خوارزميات التعلم الآلي والتحليل النصي والبيانات الضخمة.

إن تحديد المغالطات المنطقية في عصر الذكاء الاصطناعي يتطلب من الأفراد تعلم مهارات جديدة للتفكير النقدي واستخدام التقنيات المناسبة

وفي النهاية، فإن القدرة على التعرف على المغالطات المنطقية تلعب دوراً حاسماً في تطوير مهارات الفرد وزيادة فرص النجاح لديه. ويمكن تعزيز هذه القدرات من خلال الاستمرار في التعلم وتحديث المعرفة والمهارات بانتظام، واستخدام الأدوات والتقنيات الحديثة المتاحة في التعليم والتدريب.

العلاقة بين المغالطات المنطقية والخطأ والتضليل والتلاعب اللفظي

تعتبر المغالطات المنطقية من الأساليب الغير صحيحة للتفكير والتي يمكن أن تؤدي إلى وقوع الأفراد في الخطأ والتضليل. فالمغالطة المِنطقية تعني استخدام أسلوب غير صحيح في التفكير أو التحليل، مما يؤدي إلى استنتاج خاطئ أو مغالطة في الرد على حجة أو دليل .

من ناحية أخرى، يمكن استخدام المغالطات المنطقية كأسلوب للتلاعب اللفظي والتضليل، حيث يتم استخدام كلمات متعمدة لتغيير المعنى الحقيقي للعبارة وجعله يبدو واضحًا ومقنعًا على النحو المطلوب. وفي هذه الحالة، يتم استخدام المغالطات المنطقية لخلق صورة غير حقيقية للواقع وتشويه الحقائق.

إن العلاقة بين المغالطات المنطقية والخطأ والتضليل والتلاعب اللفظي هي وثيقة وترتبط بشكل مباشر بصحة الأفكار والمعلومات التي يعتمد عليها الأفراد في اتخاذ القرارات والحكم على الأشياء والأحداث. ولتفادي هذه المشاكل، يجب على الأفراد أن يتعلموا كيفية التفكير الصحيح والتحليل السليم وتجنب المغالطات المنطقية والتلاعب اللفظي.

تعد المغالطة المنطقية من الأساليب الخبيثة التي يتم استخدامها لتأثير على الجمهور وتشكيل آرائه واعتقاداته. وللوقوف ضد استخدام المغالطات المنطقية، يجب تشجيع الجمهور على البحث عن المعلومات والحقائق الصحيحة وعدم الاستنداد إلى الأخبار الزائفة أو المعلومات المضللة. ويجب على الجهات الرسمية والإعلامية الالتزام بالحقيقة وتوفير المعلومات الصحيحة والشفافة للجمهور. وعلى المستهلكين الواعيين أن يتعلموا كيفية تحليل الحجج والتمييز بين الحقائق والأكاذيب، والتحلي بالحذر والحيطة عند استخدام وسائل التواصل الاجتماعي وتلقي الأخبار والمعلومات.

القدرة على التعرف على المغالطات المنطقية

تعتبر القدرة على التعرف على المغالطات المنطقية والتحديثات في التعليم والتدريب أمراً مهماً للغاية في الحياة اليومية وخاصة في العصر الحديث الذي نعيش فيه. فمن خلال التعرف على المغالطات المنطقية، يمكن للفرد أن يحافظ على صحة تفكيره ويتمكن من تحليل المعلومات بطريقة منطقية وعلمية. ويمكن للفرد بعد قراءة هذا الكتاب أن يتقن التعرف على جميع أنواع المغالطات المنطقية وكيفية مواجهتها، والرد على مستخدميها بالحجة والبرهان.

في الواقع، تعد القدرة على التعرف على المغالطات المنطقية مهارة مهمة في حياة الفرد، فمن خلالها يمكن للفرد أن يحافظ على صحة تفكيره ويتمكن من تحليل المعلومات بطريقة صحيحة.

خلال تحريف الحقائق أو الاستدلال بمعلومات غير صحيحة لدعم حجج معينة.

يمكن استخدام المغالطات المنطقية في الإعلانات من خلال استخدام صورة جذابة للمنتج دون الحاجة إلى توضيح فوائده أو خصائصه. ويتم ذلك عن طريق إقناع المستهلكين بأن هذا المنتج سيجعلهم يشعرون بالراحة أو الأناقة دون الحاجة إلى الإشارة إلى أي معلومات فعلية حول المنتج نفسه.

وفي السياسة، يمكن استخدام المغالطة المنطقية من خلال تحريف الحقائق أو استخدام مصطلحات ذات دلالة سلبية لوصف منافسين سياسيين، بهدف الحصول على دعم الجمهور. ويمكن أيضًا استخدام المغالطة المنطقية عن طريق الإشارة إلى عدد معين من الناخبين الذين يدعمون مرشحًا معينًا، دون الإشارة إلى أي معلومات حول خططه السياسية أو خبراته.

أما في الإعلام والشبكات الاجتماعية، يمكن استخدام المغالطة المنطقية عن طريق نشر الأخبار الزائفة أو تزوير الصور والمعلومات لتشكيل آراء الجمهور بشكل غير صحيح. ويتم ذلك عن طريق الاستنتاج بشكل غير صحيح أو استخدام معلومات مضللة أو خاطئة لتشكيل اعتقادات الجمهور. على سبيل المثال، يمكن استخدام المغالطة المنطقية في نشر الشائعات أو الأخبار الزائفة للتأثير على الرأي العام وتشويه سمعة شخص ما أو منظمة.

وبالإضافة إلى ذلك، فإن المغالطات المنطقية يمكن أن تؤثر على الحوار والنقاش العام وتضر بالتفاهم بين الأفراد والمجتمعات. فعندما يستخدم الأشخاص المغالطات المنطقية في الحوارات العامة، يتعرضون لمخاطر التمييز والعنصرية والتحيز، مما يؤدي إلى انعدام الثقة بين الناس وتقليل الفرص للتواصل والتعاون.

وأخيرًا، تؤثر المغالطات المنطقية على التفكير الناقد للأفراد وتقلل من قدرتهم على التمييز بين الحقيقة والخطأ. فعندما يتعرض الأفراد للتلاعب بالحقائق والإحاطة بهم بمعلومات مضللة، يتأثر ذلك على قدرتهم على اتخاذ القرارات الصائبة وتقليل الخطأ فيها.

ومن أمثلة ذلك تأثير المغالطات المنطقية في مجالات مثل السياسة والإعلام، حيث يمكن أن تستخدم المغالطات المنطقية لنشر الإشاعات الكاذبة والتأثير على الرأي العام والقرارات الحكومية، مما يؤثر على حياة المجتمعات بأكملها.

أمثلة على كيفية استخدام المغالطات المنطقية في الإعلام والسياسة والإعلانات والشبكات الاجتماعية

تُعرَّف المغالطة المنطقية على أنها خطأ في الاستنتاج يتمثل في الاستدلال بمعطيات غير صحيحة أو في نقض المنطق أو في الاستنتاج بشكل غير صحيح. وهي تُستخدم بشكل شائع في الإعلام والسياسة والإعلانات والشبكات الاجتماعية لتأثير على الجمهور وتشكيل آرائه واعتقاداته. على سبيل المثال، يمكن استخدام المغالطة المنطقية من

عن طريق استخدام منطق مشوه أو غير صحيح. ويمكن أن تكون الاستنتاجات الزائفة عن طريق الاستنتاج من تفاصيل تافهة أو مجموعة من البيانات الخاطئة أو عن طريق استنتاج نتيجة مفرطة من واقع معلومات محدودة.

مثال على ذلك، عندما يقول شخص ما إنه يريد السفر إلى مكان ما، ويستنتج الآخرون أن ذلك الشخص يتمتع بحياة مرفهة أو أنه ثري، وهذا الاستنتاج يعتمد على الخطأ والتمييز، ولا يعكس الحقيقة بشأن وضع الشخص الأول.

لتجنب الاستنتاجات الزائفة، ينبغي للأفراد أن يبحثوا عن معلومات موثوقة وصحيحة، وأن يعتمدوا على الأدلة الصحيحة لاتخاذ القرارات، وأن يعتمدوا على الأدلة الواضحة والشاملة والموضوعية في تقييم الأحداث والمعلومات المتاحة.

التأثيرات السلبية للمغالطات المنطقية على المجتمعات والأفراد

تؤثر المغالطات المنطقية بشكل سلبي على المجتمعات والأفراد في العديد من الطرق. أحد التأثيرات السلبية الأساسية هو أنها تزيد من انتشار المعلومات الخاطئة والإشاعات الكاذبة، وبالتالي تشوش على وعي الأفراد وتؤثر على قراراتهم واختياراتهم الشخصية. فمثلاً، يمكن أن تنتشر إشاعات كاذبة عن منتج ما أو علاج معين، وتؤدي إلى تفاقم مشكلة ما أو إلى تلفيق مشاكل غير موجودة.

الإسلاموفوبيا على أنها مجرد رفض الإسلام أو الاعتقاد بتفوق الثقافة الغربية، وهذا التعريف المشوه يخلق صورة خاطئة عن المفهوم الأساسي للإسلاموفوبيا، ويعطي انطباعًا خاطئًا للجمهور. وقد يكون الهدف من هذا التعريف هو تجنب المناقشة الحقيقية حول الموضوع وتقويض الآراء الناقدة.

مثال آخر على مغالطة التعريف المشوه هو تعريف مصطلح "الديمقراطية" بشكل خاطئ ومشوه. فعلى سبيل المثال، يمكن أن يتم تعريف الديمقراطية على أنها نظام يتيح للأقلية التحكم بالأغلبية، أو أنها نظام يفرض العدل بين الجميع بغض النظر عن مستوياتهم الاجتماعية أو الاقتصادية، وهذا التعريف المشوه يعطي صورة خاطئة ومغلوطة عن الديمقراطية، ويمكن أن يستخدم لتبرير أي ممارسات غير ديمقراطية أو لتقويض مفهوم الديمقراطية بشكل عام.

لتجنب هذه المغالطة، يجب علينا السعي للحصول على تعريفات صحيحة ودقيقة للمصطلحات والمفاهيم، وتحليل هذه التعريفات بشكل منطقي ومستقل، بالإضافة إلى التحقق من المصادر المستخدمة في تقديم هذه التعريفات. وفي حالة وجود تعريف مشوه لأي مصطلح أو مفهوم، ينبغي العمل على تصحيحه وتوضيحه للجمهور.

مغالطة الاستنتاجات الزائفة

الاستنتاج الزائف هو نوع من المغالطات المنطقية التي تتضمن انتزاع استنتاجات خاطئة أو مضللة من بيانات أو معلومات موجودة، وذلك

المغالطة المنطقية "الواسعة النطاق" هي مغالطة تحدث عندما يتم استخدام عبارات عامة وواسعة النطاق للتعبير عن فكرة أو مفهوم، دون توضيح أو تحديد الحدود الدقيقة لهذا المفهوم أو الفكرة. وعلى الرغم من أن العبارات الواسعة النطاق قد تبدو مقنعة في الوهلة الأولى، إلا أنها لا تقدم أي معلومات حقيقية أو مفصلة حول الموضوع المطروح. مثال على ذلك هو استخدام عبارات مثل "الكل" أو "الجميع" أو "الشعب بأكمله" في الحديث عن رأي الناس حول موضوع معين، دون تحديد عدد الأشخاص الذين تم استطلاع آرائهم، أو من المفترض أن يمثلوا هذا الجمهور. ويمكن استخدام هذه المغالطة أيضًا في الحجج السياسية، حيث يتم تحديد مواقف أو آراء مجموعة كبيرة من الناس بشكل عام وواسع النطاق، دون التركيز على الحجج الفعلية أو المعلومات الحقيقية. لتجنب هذه المغالطة، ينبغي تحديد مفاهيم ومصطلحات معينة، واستخدام الأدلة والحقائق المحددة والدقيقة لدعم الحجة المطروحة، والتحقق من مدى صحة ودقة المصادر المستخدمة في جمع هذه المعلومات. كما يجب عدم الاستناد إلى العبارات الواسعة النطاق لاتخاذ قرارات أو تشكيل آراء.

مغالطة التعريف المشوه

المغالطة المنطقية "التعريف المشوه" هي مغالطة تحدث عندما يتم تعريف مصطلح أو مفهوم بشكل خاطئ أو مشوه، لتحقيق هدف معين أو لتشويه سمعة شخص أو فكرة أو منظمة. مثال على ذلك هو تعريف

لذلك، يجب الحذر من الخلط بين السبب والنتيجة والتأكد من وجود علاقة سببية حقيقية بين الحدثين، وعدم الاعتماد على الافتراضات الخاطئة في تفسير الأحداث والظواهر.

مغالطات الانتحال الخاطئ

الانتحال الخاطئ أو "الانتحال الزائف" هي مغالطة منطقية تحدث عندما يقوم الشخص بتزوير أو تحريف مصدر معين أو يدعي أنه ينتمي إلى جهة أو مجموعة معينة، دون وجود أي دليل أو صلة حقيقية تدعم هذه الادعاءات. مثال على هذه المغالطة هو عندما يدعي شخص ما أنه طبيب متخصص أو خبير في مجال ما، في حين أنه ليس كذلك، ويستخدم هذا الادعاء لإقناع الآخرين بما يقوله أو بمنتج ما يروج له، دون وجود أي أساس حقيقي لهذا الادعاء. وتستخدم هذه المغالطة في العديد من المجالات، بما في ذلك الإعلانات والتسويق والسياسة وغيرها، حيث يحاول البعض إيهام الآخرين بما يقولون من خلال الانتحال الخاطئ، ويقومون بتزوير المعلومات أو البيانات لتحقيق أغراضهم الخاصة.

لذلك، يجب على الأفراد الحذر والتحقق من صحة المعلومات والمصادر المستخدمة قبل اتخاذ أي قرار أو اتخاذ أي إجراء، وعدم الاستسلام لمثل هذه المغالطات الخادعة التي تستخدم لإيهام الآخرين.

المغالطات الواسعة النطاق

السياسية والدينية والثقافية، حيث يميل الأشخاص إلى قبول الأفكار التي تتوافق مع معتقداتهم الشخصية ورفض الأفكار التي تتعارض معها، حتى وإن كانت تلك الأفكار لا تستند إلى أي دليل قوي. لذلك، يجب على الأشخاص الحرص على عدم الاعتماد على الانحياز الشخصي في الحكم على الأمور، وبدلاً من ذلك يجب الاعتماد على الأدلة الواضحة والمنطقية والبحث عن الحقيقة، حتى يتم الوصول إلى استنتاجات صحيحة وموضوعية.

مغالطات الخلط بين السبب والنتيجة

الخلط بين السبب والنتيجة هي مغالطة منطقية تحدث عندما يتم افتراض وجود علاقة سببية بين حدثين بشكل خاطئ، حيث يعتقد الشخص أن الحدث الأول هو سبب الحدث الثاني، بدلاً من كونها نتيجة له. مثال على هذه المغالطة هو "الشمس تشرق كل يوم لأن الديناصورات انقرضت"، حيث يتم افتراض أن انقراض الديناصورات كان السبب وراء شروق الشمس كل يوم، على الرغم من أنه لا يوجد أي صلة سببية بين الحدثين. ومن الأمثلة الشائعة لهذه المغالطة في الحياة اليومية هي الاعتقاد الشائع بأن الأمراض المعدية تنتشر بسبب الطقس البارد، على الرغم من أن السبب الحقيقي هو الانتشار السريع للفيروسات والجراثيم في بيئة مغلقة ومكتظة بالناس في فصل الشتاء.

"لكنك تتناول اللحوم بانتظام، فكيف يمكنك الحديث عن ذلك؟" في هذا المثال، يتم تجاهل محتوى الحجة والرد على شخص يقدم الحجة بناءً على معلومات شخصية عنه. يتم تحميل الشخص الذي يقدم الحجة والتشكيك في صحتها بدلاً من النظر إلى محتواها وصحتها.

ينبغي علينا تجنب استخدام المغالطة المنطقية "تحميل الآخرين" في الحوارات والمناقشات، وبدلاً من ذلك يجب النظر إلى محتوى الحجة وصحتها بشكل مستقل عن الشخص الذي يقدمها.

مغالطات الانحياز الشخصي

الانحياز الشخصي هي مغالطة منطقية تحدث عندما يتم استخدام الرأي الشخصي أو المعتقدات الشخصية لدى شخص ما كأساس للحكم على صحة الحجج أو الأدلة الخاصة بقضية ما، بدلاً من الاعتماد على الأدلة الواضحة والمنطقية. أو عندما يقوم شخص ما بالاعتماد على اعتقاداته الشخصية دون النظر إلى الأدلة والحقائق الواضحة، فإن ذلك يؤدي إلى قيامه بالتحيز لصالح وجهة نظره الشخصية، بدلاً من البحث عن الحقيقة والوصول إلى الاستنتاجات الصحيحة.

المثال الذي يبين مغالطة الانحياز الشخصي هو أن يقول شخص ما "أنا أعتقد أن الشوكولاتة هي أفضل نوع من الحلويات، لذلك فإنها تعتبر الأفضل للجميع". في هذا المثال، يستخدم الشخص اعتقاداته الشخصية ليجعل حكماً عاماً عن شيء ما، دون أي دليل موضوعي أو منطقي يدعم هذا الحكم. ومن الأمثلة الشائعة للانحياز الشخصي تقييم المواقف

إثباته بشكل واضح. يتم ذلك عن طريق الاعتماد على الجهل أو عدم القدرة على إثبات العكس، حيث يتم الاعتماد على الفراغ في المعرفة كدليل على الصحة. مثال على الحجة المنفية: "لا يوجد دليل على وجود حياة في الكواكب الأخرى، لذلك يجب أن نفترض أنه لا يوجد حياة في الكواكب الأخرى". في هذا المثال، يتم استخدام عدم وجود دليل على وجود الحياة في الكواكب الأخرى كدليل على عدم وجود الحياة، وهذا يعتمد على الجهل بدلاً من الأدلة الحقيقية. فالحقيقة هي أننا لا يمكننا الحكم على وجود الحياة في الكواكب الأخرى إلا بعد البحث وجمع الأدلة اللازمة.

يجب أن نتجنب استخدام الحجة المنفية في الحوارات والمناقشات، وبدلاً من ذلك ينبغي علينا البحث عن الأدلة والأبحاث المتعلقة بالموضوع المطروح وعدم الاعتماد على الجهل لإثبات الصحة أو الخطأ.

مغالطات تحميل الآخرين

المغالطة المنطقية "تحميل الآخرين" أو (ad hominem circumstantial) هي نوع من المغالطات التي تستخدم في الحوارات والمناقشات للتشكيك في صحة الحجة أو الحجة نفسها عن طريق الإشارة إلى خصائص أو معلومات شخصية حول من يقدم الحجة بدلاً من النظر في محتوى الحجة نفسها. على سبيل المثال، إذا قال شخص ما "يجب أن نحد من استهلاك اللحوم للمساهمة في حماية البيئة"، فإن المغالطة المنطقية "تحميل الآخرين" ستكون عندما يتم الرد بالقول

وهو يستخدم المشاعر والعواطف لإقناع الجمهور برأيه دون استخدام الحجج المنطقية.

٣. استخدام الانحياز العاطفي: يستخدم الشخص هذا النوع من المغالطات العاطفية عندما يستخدم الانحياز العاطفي لصالحه في الحجج والمناقشات. ومثال على ذلك هو أن يقوم بالتحريض على الانتماء إلى مجموعة معينة والتعصب لها دون مراعاة الحقائق والأدلة المنطقية. ومثال آخر على ذلك هو عندما يستخدم الشخص اللغة العنصرية أو الدينية أو القومية لإثارة العواطف والانحياز لصالحه، ويستخدم ذلك بدلاً من تقديم حجج منطقية ومقنعة. يمكن القول بأن المغالطات العاطفية تعد من أخطر أنواع المغالطات، حيث تستهدف التلاعب بالمشاعر والعواطف والانحياز لصالح الشخص المتحدث دون مراعاة الحقائق والأدلة المنطقية. ومن المهم عند المشاركة في الحجج والمناقشات البحث عن الحقائق والأدلة المنطقية وتجنب الانجرار وراء المغالطات العاطفية التي لا تساعد على تحقيق الهدف المنشود من الحوار والنقاش.

مغالطات الحجة المنفية:

الحجة المنفية أو (argumentum ad ignorantiam) هي مغالطة منطقية تحدث عندما يتم استنتاج صحة أو خطأ شيء ما فقط لأنه لم يتم

هو ١٠٠,٠٠٠ دولار، ولكن لم تذكر أن هذا المتوسط يشمل عائلات ثرية قليلة وعائلات فقيرة جدًا، فسوف يكون هذا التحليل مخادعًا ولا يعكس الواقع بشكل صحيح.

المغالطات العاطفية:

وهي واحدة من أنواع المغالطات الشائعة في الحجج والمناقشات، وتتميز هذه المغالطات بالاعتماد على العواطف والمشاعر بدلاً من الحقائق والأدلة المنطقية. وفيما يلي ثلاثة أمثلة على المغالطات العاطفية:

١. تقديم الأدلة بشكل ملون أو مؤثر: يستخدم الشخص هذا النوع من المغالطات العاطفية عندما يقدم الأدلة بشكل ملون أو مؤثر لجذب انتباه الجمهور أو لإثارة مشاعرهم. ومثال على ذلك هو عندما يستخدم الشخص الصور العاطفية في حجته، مثل صور لأطفال يعانون أو لحيوانات معذبة، لإثارة مشاعر الجمهور والتأثير عليهم بدلاً من استخدام الأدلة والحقائق المنطقية.

٢. التلاعب بالمشاعر: يستخدم الشخص هذا النوع من المغالطات العاطفية عندما يحاول التلاعب بمشاعر الجمهور لتحقيق أهدافه، ويمكن أن يتم ذلك عن طريق استخدام الخطاب العاطفي أو الإثارة الزائدة للمشاعر. ومثال على ذلك هو عندما يستخدم الشخص الخطاب العاطفي لإقناع الجمهور برأيه، مثل القول "إذا كنت تحب أطفالك، فلا يمكنك أن توافق على هذا الأمر"،

٣. توجيه الاتهامات الباطلة: يحدث هذا المنطق الخاطئ عندما يتم اتهام شخص بارتكاب شيء ما دون وجود أدلة قوية تدعم هذا الاتهام. فعلى سبيل المثال، يمكن للشخص أن يقول إن شخصًا آخر سرق شيئًا ما دون وجود دليل يثبت ذلك.

المغالطات الإحصائية:

المغالطات الإحصائية هي إحدى أنواع المغالطات المنطقية التي تتعلق بالاستنتاجات المستندة إلى الأرقام والإحصائيات. وتشمل هذه المغالطات العديد من الخطأ الشائعة التي يقع فيها الناس عند التعامل مع الأرقام والإحصائيات. وإليك ثلاثة أمثلة على المغالطات الإحصائية:

١. المغالطة الإحصائية العينية: وتتمثل في استخدام عينة غير ممثلة للتحليل الإحصائي. على سبيل المثال، إذا قمت بعمل استطلاع لرأي الناس في الحي، وتحدثت فقط مع الأشخاص الذين يملكون سيارات، فلن يكون رأيك ممثلاً لكافة سكان الحي.

٢. المغالطة الإحصائية الصغرى: وتتمثل في تجاهل عينات مهمة من البيانات. على سبيل المثال، إذا كنت تحلل نتائج دراسة طبية وتجاهلت المشاركين الذين انسحبوا من الدراسة، فلن تكون النتائج ممثلة بشكل صحيح لكل المشاركين في الدراسة.

٣. المغالطة الإحصائية العامة: وتحدث عندما يتم استخدام الإحصائيات بشكل مخادع لتدعم ادعاءات خاطئة. على سبيل المثال، إذا كنت تقول إن المتوسط السنوي للدخل في منطقتك

يجب الانتباه إلى المغالطات المنطقية اللفظية، وتجنب استخدامها أو التعرف عليها عندما تستخدم من قبل الآخرين. ويمكن تحسين القدرة على التفكير النقدي والتعرف على المغالطات المنطقية عن طريق القراءة والاستماع إلى الرأي الآخر، والتأكد من صحة المعلومات والدلائل التي يتم استخدامها في الحجة، وتطوير مهارات التفكير النقدي الخاصة بنا في حياتنا اليومية.

المغالطات الوجودية:

وتشير إلى استخدام افتراضات أو معتقدات خاطئة في الحكم على الواقع أو الأمور التي لا تزال غير معروفة، مثلما يحدث في المنطق الخاطئ "الإثبات بالنفي"، حيث يقول الشخص إن شيئًا معينًا غير موجود لأنه لم يتم العثور عليه.. وفيما يلي بعض الأمثلة على هذه المغالطات:

١. المنطق الخاطئ "الإثبات بالنفي": يحدث هذا المنطق الخاطئ عندما يعتقد الشخص أن شيئًا معينًا غير موجود فقط لأنه لم يتم العثور عليه. فعلى سبيل المثال، يمكن للشخص أن يدعي أن المريخ لا يحتوي على ماء لأنه لم يتم العثور على أي دليل على ذلك.

٢. الاستنتاج الخاطئ عن الأسباب: يحدث هذا المنطق الخاطئ عندما يتم الحكم على سبب وقوع شيء ما بشكل غير دقيق. على سبيل المثال، إذا قال شخص ما إن السيارة لم تعمل بسبب البطارية، دون التحقق من الأسباب الحقيقية لعطل السيارة.

"الجميع يعرف هذا الفنان الشهير"، والتي يمكن تفسيرها بأن الفنان الذي يتحدث عنه مشهورٌ على نطاق عالمي، فيما يمكن أن يكون غير ذلك.

٤. المغالطة العكسية: تشير إلى استنتاج خاطئ يتم استنتاجه من معلومات خاطئة. مثال للمغالطة العكسية هو "إذا كنت لا تستطيع حل هذه المشكلة، فأنت لست ذكيًا"، والتي تعتمد على فرضية خاطئة بأن القدرة على حل المشكلات هي المؤشر الوحيد على الذكاء.

٥. المغالطة الكاذبة: تشير إلى استخدام الأكاذيب أو البيانات غير الصحيحة في الحجة، والتي يمكن أن تؤدي إلى استنتاج خاطئ أو تضليل. مثال: "الدراسات تثبت أن تناول هذا العشاء يوميًا يؤدي إلى خسارة الوزن"، والتي قد تكون كذبة أو تشير إلى دراسات مشوشة أو خاطئة.

٦. المغالطة الانتحالية: تشير إلى الادعاء بأن الشخص يملك مصداقية معينة أو معلومات خاصة، دون أن يكون لديه الحقيقة في ذلك. مثال: "لقد قرأت هذا الكتاب، وأنصح الجميع بعدم قراءته لأنه سيضيع وقتكم"، والذي يمكن تفسيره بأن الشخص الذي يتحدث عن الكتاب لم يقرأه بالفعل ويريد فقط إقناع الآخرين برأيه الخاطئ.

والمفاهيم المنطقية، مما يعزز القدرة على التفكير بشكل صحيح ومنطقي في مختلف المجالات.

أنواع المغالطات المنطقية الأساسية والمزيد من الأمثلة الحديثة.

المغالطات اللفظية:

تعتبر المغالطات اللفظية من أنواع المغالطات المنطقية التي تحدث بسبب التعبير والتحدث واللفظ، وتشمل مصطلحات غامضة وغير واضحة، والتي يتم استخدامها بمعانٍ مختلفة في السياقات المختلفة. وفيما يلي ثلاثة أمثلة للمغالطات اللفظية:

١. مغالطة الإشارة: تعتمد هذه المغالطة على استخدام الكلمات بطريقة ملتبسة ومبهمة، والتي قد تؤدي إلى فهم خاطئ للرسالة. مثال: "الكتاب جيد"، والتي يمكن تفسيرها على أن الكتاب جيدٌ فيما يتعلق بالمضمون أو الجمالية، بينما قد يفسرها شخص آخر على أنه يتحدث عن حالة الصحة الجيدة للكتاب نفسه.

٢. المغالطة الاستدلالية: تشير إلى استخدام الأسباب والدلائل بشكل خاطئ أو غير صحيح، والتي قد تؤدي إلى نتائج خاطئة أو مضللة. مثال: "لقد حدث هذا الحادث بسبب وجود السحب في السماء"، والتي يمكن تفسيرها بأن السحب تسببت في الحادث، فيما قد يكون السحب ليست سببًا رئيسيًا في الحادث.

٣. المغالطة الوجودية: تعتمد هذه المغالطة على استخدام الكلمات بطريقة تتيح فرضية خاطئة أو مبالغة في الوصف. مثال:

أسس المنطق وعلاقته بالمغالطات المنطقية وتحديثات الفلسفة المنطقية.

تعد الفلسفة المنطقية من الفروع الرئيسية للفلسفة، وهي تهتم بدراسة الأسس والمبادئ التي تقوم عليها العقلانية والمنطق، والتي تستخدم في الاستدلال واتخاذ القرارات الصحيحة. وبشكل عام، يمكن تعريف المنطق بأنه دراسة كيفية التفكير بطريقة صحيحة ومنطقية.

وترتبط المغالطات المنطقية بشكل وثيق بالمنطق، فهي عبارة عن أخطاء في التفكير والحجج التي تؤدي إلى استنتاجات خاطئة ومتناقضة. ومن أهم المغالطات المنطقية: الاستدلال بالعواطف، والتعميم الجاهلي، والمعضلة الزائفة، والمسبقة الحكم، وغيرها.

وعلى مدى السنوات الأخيرة، شهدت الفلسفة المنطقية التحديثات التي تسعى إلى توسيع نطاق استخدام المنطق وتطبيقاته في مجالات جديدة، مثل علم الحوسبة والذكاء الاصطناعي والتفكير الآلي. وقد أسفرت هذه التحديثات عن وضع مبادئ وأسس جديدة في المنطق، مثل المنطق اللادئي والمنطق الكمي، والتي تستخدم في مجالات مختلفة مثل علم الأحياء والفيزياء وعلم النفس.

بشكل عام، فإن فهم أسس المنطق وتعلم مفاهيمه الأساسية يساعد على تجنب المغالطات المنطقية والوقوع في الأخطاء الشائعة في التفكير. وتساهم التحديثات في الفلسفة المنطقية في تطوير وتحسين النظريات

والحوار المدروس والبحث عن الحقائق العلمية الصحيحة. ويعتبر هذا الأمر مهمًا جدًا في عصرنا الحالي، حيث تزداد مخاطر الوقوع في المغالطات المنطقية مع تزيد استخدام وسائل التواصل الاجتماعي والإعلام الذي ينتشر بسرعة الصاروخ، كما أن الأفراد يحتاجون إلى تكون مهارات النقد البناء والتفكير النقدي لتحليل المعلومات التي تصلهم، وفهم المغالطات المنطقية التي يمكن أن تكون مضللة.

علاوة على ذلك، تعتبر المغالطات المنطقية مصدرًا للصراعات الاجتماعية، حيث يمكن أن تؤدي إلى تفاقم المشكلات وتفاقم الخلافات والتباينات في الرؤى. وبالتالي، يمكن أن تؤدي المغالطات المنطقية إلى خلق توتر في العلاقات الاجتماعية والعائلية والعملية، مما يسبب أضرارًا كبيرة على المستوى الشخصي والجماعي.

باختصار، فإن فهم المغالطات المنطقية وتعلم كيفية التعرف عليها وتجنبها يعد أمرًا مهمًا جدًا في عصرنا الحالي، حيث تزداد الحاجة إليها مع تزايد استخدام وسائل التواصل الاجتماعي والإعلام. ومن خلال تحسين مهارات النقد البناء والتفكير النقدي، يمكننا التغلب على المغالطات المنطقية والوقوع فيها، وتحسين العلاقات الاجتماعية والشخصية والعملية.

مقدمة عن المغالطات المنطقية وأهميتها في عصرنا الحالي

تعد المغالطات المنطقية من الظواهر الفكرية الشائعة في حياتنا اليومية، حيث يتعرض الأفراد والمجتمعات لها بشكل مستمر عبر وسائل الإعلام والتواصل الاجتماعي والحوارات الشخصية. تتضمن المغالطات المنطقية استخدام أدوات منطقية خاطئة أو غير دقيقة لإقناع الآخرين بأفكار معينة، وتشمل العديد من الأنواع مثل الوهم، والتلاعب بالمعلومات، والاستنتاجات الخاطئة. وتشكل هذه المغالطات خطرًا حقيقيًا على المجتمعات، حيث يتم استخدامها بشكل متزايد في السياسة والإعلام والتعليم وغيرها من المجالات.

يتم استخدام المغالطات المنطقية في العديد من الأمور الحياتية، فتستخدم في السياسة، على سبيل المثال، لتشويه صورة المنافسين السياسيين وإقناع الناخبين بأفكارهم، كما يستخدم الإعلام المغالطات المنطقية لجذب الجمهور وإثارة الجدل حول قضايا هامة. وبالإضافة إلى ذلك، تؤثر المغالطات المنطقية على العقلانية والمنطق والحقائق العلمية، حيث تجعلنا نتبنى الأفكار الخاطئة والتصورات الخاطئة حول العديد من الأمور.

لذلك، يجب علينا جميعًا تعلم كيفية التعرف على المغالطات المنطقية وكيفية تجنب الوقوع فيها، وكذلك تطوير القدرة على التفكير النقدي